1

# CONCEPTOS GENERALES PARA OPTIMIZAR TU WEB

Miquel J. Pavón Besalú

**Geógrafo**

www.compraventa-dominios.com

*Dedico este libro*
*A mi hijo Néstor.*

# ÍNDICE

# CONCEPTOS GENERALES

# ¿QUÉ ES UN DOMINIO?

Estaba comiendo con unos amigos y salió en la conversación el tema del trabajo. Cuando yo expliqué el mío comenté:

- Pues yo acabo de iniciar un nuevo negocio con los dominios de Internet ...
- ¿Con los dominios de Internet? ¿Qué es un dominio?, me preguntó inmediatamente la esposa de mi amigo.
- Para que me podáis entender de una manera sencilla un dominio en Internet es el texto que escribimos en el navegador para ir a una determinada página de una forma directa sin buscarla. Normalmente escribimos tres W un punto y el nombre del dominio seguido de otro punto y luego una extensión como podría ser un COM, NET, ES o lo que sea. Un ejemplo de dominio muy conocido sería www.google.com.

Estaba claro que la explicación había generado su interés por la cara de mis amigos. Y no tardaron en preguntar ...

- Y, ¿en qué consiste el negocio de los dominios?
- En realidad el negocio está ahora en tres posibilidades a mi entender. Una primera sería tener un dominio, desarrollar una web y con su contenido ganar dinero. Quizás de las posibilidades ésta sería la más conocida pero hay otras dos también interesantes que son las que he empezado. Una segunda sería comprar dominios para luego venderlos más

caros. Se puede ganar mucho dinero pero el gran inconveniente es que realmente cuesta venderlos. Y la tercera posibilidad, que es la que más me gusta y acabo de descubrir, es la conocida como el parking de dominios. Aparcar un dominio es ponerle publicidad de una forma más o menos automática y simplemente cobrar cada mes en función del tráfico que genera ese dominio. Yo lo hago usando la plataforma de SEDO porque ofrece de forma gratuita las dos últimas posibilidades: la compra venta de dominios y el aparcarlos encargándose ellos de ponerles publicidad y pagar mensualmente.

- Se ve interesante ¿no?, me dice con los ojos abiertos.

- Sí que lo es a ver qué tal va ya te lo explico cuando lo tenga bien experimentado ….

# TRANSFERENCIA DE UN DOMINIO

Cuando se vende un <u>dominio</u> hay que transferirlo al comprador. El proceso puede ser muy simple o muy engorroso. Veamos pues el porqué ...

En principio el proceso a seguir sería el siguiente: Primero el vendedor debe pedir a su registrador lo que se conoce como el <u>Auth code</u> y facilitarlo al comprador. Es facilitar una contraseña que permite el traspaso de los dominios. Luego el comprador tendrá que solicitar a su registrador que reclame el dominio para ser transferido y facilitar el **Auth code** como contraseña para que se pueda autentificar el proceso. Finalmente el registrador del comprador hará una última comprobación mandando un email a la dirección indicada como administrador del dominio que tiene que aceptarse para completar el proceso.

Esto realmente es simple y garantiza que la transferencia sea correcta pero en la práctica la cosa puede complicarse bastante.

En mi caso me ha pasado de todo ..... desde recibir un **Auth code** incorrecto, que el dominio esté caducado, que no se acepte el email por parte del vendedor en menos de cinco días a cualquier otra zarandaja. Lo que burocratiza en extremo las transferencias es el caso de los dominios punto ES. En estos casos es necesario, además de lo indicado, firmar un documento por parte del comprador y vendedor con firmas legitimadas notarialmente. Este requisito sería más o menos sencillo si las dos partes vivieran en el mismo lugar pero que suceda esto en el mundo de Internet es casi imposible. Para evitar esta burocracia me limito a negociar únicamente con dominios punto COM, NET, ORG que tienen el proceso de transferencia simple que he indicado al principio. He leído comentarios en foros de Internet que se ha dado el caso de gente que ha hecho las transferencias de dominios ante notario. No ha sido mi caso, de momento, pero entiendo que para grandes importes se haga así para asegurar el cobro. Hay que ser conscientes que aunque se haga la transferencia ante notario el trámite que se ha indicado al principio habrá que hacerlo de todas formas al ser una normativa internacional.

# PÁRKING DE UN DOMINIO

La verdad es que si ya es medio difícil saber <u>qué es un dominio</u> suena a ciencia ficción que te hablen de párking de dominios. Lo lógico sería pensar que se está hablando de alguna cosa relacionada con algún ayuntamiento .... pero no. Al párking de <u>dominios</u> se le conoce por tener a un dominio sin desarrollar ninguna web en él y mientras tanto se le coloca publicidad para sacarle un rendimiento. Hoy día existen métodos bastante sofisticados que tratan de colocar publicidad intentando mostrar la más efectiva. Para ello se recurre a diseños variables, selección de <u>palabras clave</u>, rotación de anuncios relevantes y cualquier otra cosa imaginable destinada a que el visitante se interese por algo en concreto y haga algún tipo de consumo. El beneficio obtenido de los anuncios se suele repartir entre el dueño del dominio, la plataforma que desarrolla el párking y las empresas captadoras de anunciantes.

A mí personalmente me gusta la idea del párking. Sea poco o sea mucho es una cantidad de dinero limpia que se cobra mes a mes sin hacer absolutamente nada más que ser el dueño de un dominio. El único problema está en la proporción del precio pagado en la compra del dominio con la que se obtiene del párking. Según el dominio nos podemos encontrar que se recupere el precio de compra muy rápidamente o pasen muchos años hasta que se recupere el precio pagado. En esta cuestión sólo nos ayudará la experiencia que podamos tener y si el nombre del dominio da de sí o es algo tan complicado que nadie puede estar interesado en visitar. Influye bastante si el dominio es nuevo o si anteriormente fue alguna web que pudiera tener mucho tráfico y mantiene un grupo de nostálgicos deseosos de ver de nuevo sus contenidos. Mi experiencia personal es que los dominios realmente rentables en párking son los que tuvieron webs relacionadas con el mundo del sexo o de los juegos que en su día generaron mucho tráfico. Una última cuestión a tener en cuenta es que si bien el tener un dominio aparcado suele ser gratuito sí que hay que pagar las renovaciones anuales por lo que el dominio que no es capaz de generar al menos un euro de publicidad al mes tarde o temprano no es rentable a no ser que podamos tener una perspectiva de desarrollarle una web o venderlo por tener un nombre realmente atractivo. Lo normal es que muchos dominios generan justito un euro o poco más de publicidad al mes por lo que si queremos tener un ingreso mínimamente interesante tenemos que tener una cartera realmente muy numerosa de dominios. Hagamos unos números ...

Se diga lo que se diga, mi experiencia real en este mundillo es que el promedio de ganancia de un dominio en párking es de unos 15 euros anuales. Nos encontraremos perfectamente que un dominio no da nada y otro mucho. Es fácil equivocarse así que lo mejor es trabajar con promedios. El coste de renovar un dominio lo podemos conseguir por unos 10 euros anuales. Así que la ganancia neta es de unos 5 euros al año por cada dominio. Si nuestra idea es sacarnos un ingreso de unos 10000 euros al año vamos a necesitar tener unos 2000 dominios en párking. Un objetivo complicado pero no imposible .....

# CONDICIONES PARA APARCAR UN DOMINIO

Para entendernos: cobrar un parking de un dominio sería algo similar a cobrar un alquiler. Se trata de un pago que recibimos por dejar que usen las visitas que llegan a nuestro dominio para mostrarles publicidad. Normalmente se trata de publicidad relacionada con el nombre del dominio o con los resultados de una serie de estadísticas que se realizan para saber lo que buscan los visitantes. Mi experiencia personal es que con el paso del tiempo los resultados económicos realmente mejoran sobretodo si se trata de dominios por los que circula mucho tráfico. Es por este motivo que lo que se requiere por parte de las empresas de párking es que realmente seamos los verdaderos dueños del dominio. ¿Cómo se sabe?

• En primer lugar, la información de los contactos de registrador y administrativo, que aparecen en la base de datos de WHOIS, deben de estar correctamente a nuestro nombre y en especial el email que se indica de contacto.

• En segundo lugar, se debe de direccionar el dominio hacia la empresa de párking. Esto suele hacerse indicando en nuestro dominio los DNS que nos digan o mediante una redirección hacia donde nos digan.

• Y, en tercer y último lugar, dar de alta el dominio a aparcar en la empresa de párking con la que queramos trabajar.

Esto suele ser bastante rápido y muchos registradores de dominios lo solucionan si no es al instante si en pocas horas. Si la tardanza es realmente mayor quizás conviene plantearse cambiar de registrador .....

# ¿QUÉ ES UN BLOG?

Un <u>blog</u> es un sitio web que se actualiza periódicamente recopilando cronológicamente textos o artículos de uno o varios autores. Aparece primero la entrada más reciente y el autor conserva siempre la libertad de dejar publicado lo que crea pertinente o incluso modificarlo tantas veces como crea preciso. Es un término inglés, blog o weblog, que proviene de la unión de las palabras web y log (significa diario).

El blog se caracteriza, básicamente, para:

• Una comunicación mas bien informal.
• Invitación al diálogo. Dar la voz a los posibles clientes o visitantes.
• Dar información actual y del momento.
• El desarrollo de relaciones reales, de entendimiento y de interés mutuo, en vez de vender de forma directa. La sociedad ha evolucionado y ahora los consumidores saben entender qué comunicación va dirigida a la venta y cuál no.
• Hacer referencias a otras webs y blogs que contengan información que consideres relevante para los visitantes.
• Apreciar la personalidad del autor. En los blogs se puede distinguir bien la diferencia entre las personas y las empresas.
• Poner la información que se quiera promover en las <u>redes sociales</u> ya que es una plataforma que permite una muy buena integración con herramientas de la web 2.0.

• Generar visibilidad del sitio web tanto en los buscadores, con más páginas indexadas, como hacia los usuarios con contenido novedoso y recurrente en el sitio web.

• Transmitir una imagen de frescura y modernidad no sólo a los usuarios sino también a los buscadores lo que servirá para que se valore la web de forma más positiva de cara al posicionamiento.

• Crear comunidad.

# CONSEJOS PARA TU BLOG

Hace ya más de diez años que tengo página web. Tengo que reconocer que me había acostumbrado al esquema de la web pero le veía varios problemas importantes. Uno es que la web es algo estático, difícil de modificar y que atrae pocas visitas. Son tres cuestiones que al final hicieron que diera mi brazo a torcer y pasarme al _blog_. Estoy contento con ello porque los tres problemas mencionados quedan muy bien resueltos.

Mis consejos básicos son:

• **Utiliza WordPress**. Es gratuito, fácil de instalar, administrar y usar. Tiene una multitud de plantillas y extensiones. Web: WordPress.
• **Ubica el blog en tu sitio**. Lo habitual es que el blog se sitúe en un subdirectorio de tu sitio con el nombre _blog_. Por ejemplo: www.posets.com/blog. De esta forma el blog da fortaleza al dominio principal.
• **Personaliza tu diseño**. Lo mejor es darle al blog el mismo estilo y diseño que el que tenga la web para no confundir mucho al personal.
• **Optimizar la estructura de la URL del blog**. Procurar que sea lo más sencilla y abreviada posible.
• **Tono de voz**. En el blog es recomendable mantener un tono de redacción lo más parecido a una conversación normal sin tecnicismos ni autobombos.

- **Interacción con el usuario**. Hay que responder a los comentarios y agradecer las críticas.
- **Temas**. No hablar solamente de la empresa y de sus servicios. Es bueno abarcar las noticias del sector, acontecimientos, dar consejos, casos de estudio, etc.
- **Frecuencia de publicación**. Hay que ser constante y se recomienda como mínimo una o dos veces por semana.
- **Formato del** contenido: No hay que limitarse a escribir texto que ya está bien. También es interesante poner fotos y vídeos.
- **Usar las técnicas** SEO. Lo mejor para aumentar las visitas es incluir en el texto del post tanto enlaces internos como externos. Dos o tres de cada es lo que se sugiere como lo mejor.

# LA CALIDAD EN LA WEB

# ¿CÓMO PERCIBEN LOS USUARIOS NUESTRA WEB O NUESTRO PERFIL?

No hace mucho un familiar me comentaba que actualizaba poco la web personal. La verdad es que me extrañó el comentario porque no era así. Quise profundizar cómo llegaba a esa falsa conclusión. Y me dijo …. *"es que siempre veo la misma foto inicial …."*. Total que entraba en la web veía la misma foto siempre y no se molestaba en mirar el contenido que había a continuación y se marchaba supongo que decepcionado.

Pensemos …. En primer lugar, sabemos que los visitantes de nuestra web emplearán unos 0,05 segundos en considerar si es una web profesional o no y si quieren quedarse o no. Da igual si hemos dedicado tres meses o dos años en la construcción de nuestra web o si han trabajado una o un equipo de cien personas o si nos ha costado un euro o un millón. En serio, tanto da. Al final, nos guste o no, el juicio se ejecuta en la mente de nuestro visitante en tan sólo 0,05 segundos.

Es decir, una vez el usuario llega a nuestra web los primeros instantes son fundamentales para causarle una buena impresión y que decida quedarse o buscar en otra parte. La estadística presentada es corroborada por un artículo publicado en la revista Nature y está hecha por un grupo de investigadores del Canadá. Han demostrado, como he comentado antes, que el usuario toma su decisión en el poco tiempo que dura un abrir y cerrar de ojos.

Es por este motivo que es conveniente reflexionar el por qué del cómo los visitantes llegan a la conclusión de quedarse o no en nuestra web.

Los expertos enumeran unos diez criterios básicos para valorar la calidad:

• **Tangibilidad**: Sería todo lo que se puede ver. Ir al artículo: <u>La importancia de causar una buena impresión</u>.
• **Credibilidad**: Veracidad, confianza generada y honradez. Ir a los artículos: <u>Contenidos interesantes a incluir en nuestra web o perfil para ser creíbles</u> y <u>Es imposible ser creíbles con anuncios coñazos</u>.
• **Confiabilidad, seriedad, fiabilidad**: Poder cumplir las promesas de forma exacta y confiable.
• **Accesibilidad**: Que no resulte difícil contactar y que se sea escuchado y atendido. Ir al artículo: <u>Ser accesible a la larga es más plausible</u>.
• **Competencia**: Saber manejar peticiones de los clientes y cumplir lo que se requiera con los conocimientos y aptitudes necesarias.
• **Rapidez**: Entregar el servicio, respuestas y soluciones en el menor tiempo posible. Ir al artículo: <u>Una decisión menos buena, si se toma con rapidez y se ejecuta vigorosamente, es superior a otra más acertada pero adoptada tardíamente y llevada a la práctica con vacilación</u>.

- **Sensibilidad**: Una verdadera predisposición a querer ayudar al cliente en lo que necesite usando un lenguaje que se comprenda.
- **Cortesía**: Trato al cliente con educación, respeto y amabilidad. No ser empalagoso ni falso.
- **Empatía**: Es la capacidad de ver la situación desde el punto de vista del cliente en particular. Ir al artículo: <u>Máquinas versus personas</u>.
- **Seguridad**: Ausencia de riesgo, dudas o peligro. Visto lo enumerado podremos sentarnos un minuto y pensar si cumplimos lo dicho. Si la web no funciona quizás el motivo sea algo tan simple como solucionar los aspectos detallados anteriormente en los que falle. Aaaaa y lo comentado tanto vale para una web como para un perfil de una red social o lo que sea ….. si queremos ser visitados nos tenemos que aplicar el cuento. Ir al artículo: <u>La seguridad debe ser una obsesión hasta la saciedad</u>.

# LA IMPORTANCIA DE CAUSAR UNA BUENA IMPRESIÓN

*"Nunca tendrás una segunda oportunidad para causar una buena primera impresión".*

Un diseño profesional, atractivo, bonito y funcional que "invite a quedarse". Empleando una gran variedad de "vehículos de comunicación" (texto, gráficos, fotos, audio, video y lo que sea). Un estudio de la universidad de Standford de los Estados Unidos indica que el 46% de las personas entrevistadas sobre la credibilidad de webs mencionan, de una forma u otra, el diseño.

**René de JONG** en *"Sácale partido a Internet".*

# CONTENIDOS INTERESANTES A INCLUIR EN NUESTRA WEB O PERFIL PARA SER CREÍBLES

*No te conozco.*
*No conozco a la empresa que dices representar.*
*No conozco la reputación de esta empresa.*
*Desconozco la historia de esta empresa.*
*Desconozco los productos de esta empresa.*
*No sé qué servicios postventa ofrecéis.*
*No sé qué garantías ofrecéis.*
*Ahora recuérdame: ¿qué querías venderme?*
**David OGILVY**

Un punto importante a tener en cuenta a la hora de diseñar nuestra web o perfil es que si queremos vender algo debemos ser creíbles y generar confianza a nuestro comprador. Estamos en un mundo bastante complicado. Generar confianza no es nada fácil y menos si sólo tenemos la opción de mostrar unas imágenes o texto a nuestro visitante. Las grandes empresas usan su marca conocida mundialmente para que se deduzca a partir de ello que son fiables. Pero no hace muchos días la misma Sony ha reconocido haber tenido un problema de seguridad grave con las PlayStation que ha permitido que muchos números de tarjetas de crédito hayan sido obtenidos por extraños y puedan hacer un uso fraudulento con ello. Con ello quiero decir que todo lo que se nos ocurra para generar confianza siempre será poco. Aporto a continuación una lista abierta con unas ideas que pueden servir según sea cada caso. Pienso que debemos plantearnos muy en serio eliminar pocas cosas y, a ser posible, añadir todas las que pensemos que puedan ayudar a nuestro caso.

- Dirección física de la empresa.
- Identificación fiscal.
- Datos de registro en el Registro Mercantil.
- Nuestro logotipo.
- Teléfono, fax y email.
- Fotos del personal, incluyendo parte de su currículum vitae para invitar a personalizar el contacto.
- Fotos de nuestro edificio, oficinas, tienda. Querría hacer un especial hincapié en que las fotos deben ser de calidad y a ser posible hechas por un profesional puesto que desmerece totalmente ver una web con unas fotos hechas con una muy mala resolución, mal enfocadas o mal encuadradas.
- Premios y certificados que hayamos obtenido (con su logo).
- Clubs y asociaciones de los que seamos miembros (con su logo).
- Opiniones de clientes. Si pones recomendaciones de antiguos clientes es importante poner algo que ayude a que se identifiquen como verdaderas recomendaciones. Como mínimo con nombre y apellido y, a ser posible, incluyendo foto o website de referencia. ¿Escuchar su propia voz? ¿Grabar en video su comentario? Es bueno todo lo que pueda ayudar a incrementar la credibilidad del testimonio. Caso que no sea así pienso que incluso puede llagar a ser contraproducente.
- Opiniones de expertos (sobre nosotros y sobre nuestros productos).
- Estudios independientes.
- Encuestas propias hechas a los clientes.
- Porcentaje de quejas por cada 100 clientes.

• Porcentaje de clientes que vuelven a comprar.

• Artículos que hayan aparecido sobre nosotros en la prensa.

• Historia de la empresa (desarrollo de ventas, unidades producidas, número de clientes, inventos, inversiones, personas clave, ideas, ….).

• Destacar la experiencia acumulada de la empresa.

• Garantías que ofrecemos (con sellos creados para ello).

• Todas las especificaciones que damos tienen que ser verdad al cien por cien. Cualquier mentira tarde o temprano se sabrá y se girará en contra. Vamos a un mundo wiki que todo acaba apareciendo en los foros o en los comentarios de cualquier sitio.

• Ya nadie se cree un texto típico de venta. Hay que saber encontrar el texto adecuado evitando las exageraciones, no escribir de forma tendenciosa y aportar datos y hechos comprobables.

• Muestras de nuestras relaciones con nuestro entorno social (patrocinios, donaciones, aportaciones).

• Si en tu foro no hay comentarios negativos o sugerencias de mejora nadie va dar credibilidad. Hay que quitarse el miedo general al riesgo de que los visitantes puedan poner cualquier opinión por mala que sea. Tema aparte es que no aceptemos insultos y groserías.

• Haz que los visitantes que vuelvan vean que se trabaja constantemente en la web, es decir, que se vea actualizada.

• Por último, destacaría que se procure, al máximo posible, no tener errores de ortografía, redacción o tipográficos. Es increíble lo mal que están escritas la mayoría de las webs.

# ES IMPOSIBLE SER CREÍBLES CON ANUNCIOS COÑAZOS

La credibilidad también se muestra por la presencia o ausencia de publicidad en nuestra web. Es más importante de lo que nos podemos imaginar.

Veamos tres ejemplos:

• Pop-up. No hace mucho leí en algún sitio que el pop-up era uno de los peores inventos del mundo de Internet. Veamos por qué. El pop-up es la publicidad que salta en una ventana nueva al entrar en una página web. En general se considera bastante molesto y, a decir verdad, muchos usuarios tienen algún dispositivo que los bloquea directamente. Yo soy uno de ellos sin ir más lejos. Así que me sumo al resultado de las encuestas publicado por New Scientist que revela que cerca del 81% de los usuarios estadounidenses lo considera como algo negativo.

• Pop-under. Publicidad que salta en una ventana nueva al entrar en una página web, o al cerrar una ventana, sin que sea visible hasta que se sale de esta página. Aunque resulta menos molesto que el anterior ya que no te interrumpe lo que quieras ver sigue siendo, a mi modo de ver, algo que no se ha pedido. Creo que pensar *"si finalmente van a salir de mi web voy a ver qué más puedo sacar ya que he perdido la visita de todas formas"* es, francamente, una estrategia de perdedor. Una política de pan para hoy y hambre para mañana.

• <u>Scroll-over</u>. Anuncios que aparecen en la pantalla sin que sea una ventana nueva. Normalmente tapan justo lo que se quiere leer …. ¿curioso no? Y para colmo si te tomas la molestia de intentarlo cerrar la mayoría de las veces o se cuelga o no hay una manera fácil de hacerlo. Mi experiencia al respecto es que me largo de esa página y busco lo que sea en otra y procuro no regresar nunca más.

# SER ACCESIBLE A LA LARGA ES MÁS PLAUSIBLE

Todos nos hemos sentido muy frustrados cuando intentamos localizar a la persona que necesitamos dentro de una organización, una empresa o un organismo estatal. Cuando te tienen horas colgado al teléfono sin solucionarte nada te das cuenta rápidamente que no eres un cliente sino que eres menos que nada. Debes pagar y callar. Si nuestro interés es dar calidad a nuestra oferta en nuestra web o blog tenemos que ponerlo lo más fácil posible para que contacten con nosotros. En Internet es incluso más importante demostrar que hay personas de verdad detrás de la web y que el visitante puede decidir en cualquier momento ponerse en contacto con nosotros de la forma que estime más conveniente. Yo soy de los que está convencido que a la larga actuar de esta forma nos va a reportar muchos más beneficios que lo que hacen en los *call centers* de las grandes empresas que lo único que saben es aburrirte a esperas.

Se me ocurren las siguientes formas para invitar al visitante a interactuar con la web, blog o persona de tu empresa:

• **Contacta con nosotros**. Sería dar en una página clara todos los detalles necesarios. Es una forma de ganar tiempo para el cliente y para la empresa. Se pueden ofrecer diferentes cuentas de correo electrónico, como por ejemplo: dirección, marketing, personal, servicio postventa o atención al cliente.

- **Formulario de** feedback o FAQ. Evita el contacto personal y saber que el formulario va a ofrecer los consejos más habituales. Permite facilitar de forma estructurada lo que se quiere decir y permite ahorrar tiempo con consultas muy repetidas.
- Human Click. Es un software de chat que permite al usuario entrar en contacto directo con alguien de la empresa.
- **Cálculo de presupuestos**.
- **Suscripción**. Ya sea de noticias o de ofertas especiales que nuestros clientes desean recibir por correo electrónico.
- Call back. Dar la opción de que se pueda llamar al cliente cuando lo solicite.
- **Teléfono gratuito**. Dar la opción de que el cliente nos pueda llamar de forma gratuita. Hay que ser muy cuidadoso de no hacer esperar indefinidamente o que se llame y no se solucione nunca nada.
- Skype o **messenger**. Dar nuestra identificación para que se pueda contactar de forma gratuita a través de Internet.
- **Buzón de sugerencias**. Dejar completa libertad para que el cliente nos pueda decir lo que quiera.
- **Visita personalizada**. En algunos servicios de alto valor añadido puede ser interesante ofrecer la posibilidad de visitar directamente al cliente donde desee.

# UNA DECISIÓN MENOS BUENA, SI SE TOMA CON RAPIDEZ Y SE EJECUTA VIGOROSAMENTE, ES SUPERIOR A OTRA MÁS ACERTADA PERO ADOPTADA TARDÍAMENTE Y LLEVADA A LA PRÁCTICA CON VACILACIÓN

*"En primer lugar, tu web se tiene que cargar muy rápido. En segundo lugar, tu web se tiene que cargar muy rápido".*
**René de JONG** en *"Sácale partido a Internet"*.

• **Tiempo de respuesta**: Google ha hecho de la rapidez uno de sus puntos fuertes. En una página tan limpia como la de resultados de Google se pueden permitir el lujo de incluir incluso la información del tiempo de respuesta. No olvidemos que Internet tiene su éxito principalmente gracias a la inmediatez. Representa una esperanza de que las cosas pueden ser diferentes por la revolución que ha significado, las innovaciones que ha traído consigo y los cambios que está representando. Estamos en la generación *"lo quiero ahora"*. Cuanto antes nos demos cuenta que el poder está en el cliente las cosas nos irán mejor. Tenemos que adaptarnos al cliente y no al revés. Hacer las cosas rápidas nos dará puntos en la percepción del cliente. Una reacción en quince minutos o media hora a un correo electrónico es rápida, en unas horas está bien pero al día siguiente ya es lento. ¿Por qué? Pues porque al navegante si no se le da respuesta puede ir a comprar a un competidor que si le ha contestado rápido.

• **Tiempo de entrega**: La principal desventaja de comprar por Internet en relación con la compra en una tienda es justamente el tiempo de entrega de un producto. Si un cliente compra algo lo quiere disfrutar cuanto antes. Por lo tanto, todo lo que podamos reducir de tiempo será mejor para nuestra competitividad. Incluir una información clara de tiempo de entrega en nuestra web siempre será en beneficio nuestro.

# MÁQUINAS VERSUS PERSONAS

El problema de cualquier empresa o web es la sensación que se está tratando con una máquina y no con una persona normal y corriente. Esto tiene sus ventajas y sus desventajas. Hay que procurar aprovechar lo que sean ventajas y mirar de suplir con imaginación lo que son desventajas. Una posibilidad para ello es demostrar al visitante que puede contar con nosotros para cualquier cosa siempre y cuando quiera.

Es importante tener en cuenta que si vamos a pedir datos hay que ser razonables y no pedir cosas que lo más seguro es que no las vayamos a necesitar nunca. Por ejemplo, si queremos que se nos suscriban a un newsletter no tiene sentido que pidamos cuanto gana al año o si tiene una tortuga en su casa. También conviene tener en cuenta que si vamos a pedir que el visitante sea participativo en lo que propongamos tiene que percibir que a cambio de su participación va a obtener algún beneficio a cambio de su esfuerzo.

En la sección de las FAQ (preguntas frecuentes) hay que procurar que sea lo más útil posible ya que no hay nada más frustante que pasarse un buen rato busca que te busca y no encontrar la duda que se tenga. Para encontrar la duda tiene que haber un buen sistema de búsqueda y clasificación. Una buena organización de este capítulo nos dará profesionalidad mientras que algo que no sea aclaratorio nos la restará. Una sección de ayuda debe realmente ayudar y no aumentar todavía más las dudas.

# LA SEGURIDAD DEBE SER UNA OBSESIÓN HASTA LA SACIEDAD

• **Protección de datos**. No hace mucho ha saltado el escándalo en Internet porque Sony ha tenido un grave problema de seguridad al tener acceso a sus datos personas extrañas. Ni los mayores se salvan. Todo lo que hagamos en ese sentido siempre será poco. También hay que tener en cuenta que no queremos recibir más spam del que ya recibimos. Si tenemos que identificarnos en alguna web y nos piden el email ya nos asalta la duda. La política de privacidad tiene que estar presente y muy bien accesible con un solo click, en cualquier sitio o momento en que pidamos al visitante sus datos.

• **Pagos con tarjeta de crédito**. El retraso en España en el desarrollo de las compras por Internet se ha atribuido a dos motivos: uno, por una ausencia de una tradición de compra por catálogo y, otra, por el miedo al robo de datos cuando se paga con tarjeta de crédito. Para ello es imprescindible usar un área segura para que los clientes hagan sus pagos con confianza. A pesar de ello, es conveniente dar diferentes alternativas a la forma de pago.

Como consumidor yo lo que hago es tener una tarjeta de crédito con un límite bajo que la uso para las compras por Internet. Nunca me ha pasado nada pero caso que me pasara limito el riesgo a una cantidad pequeña que he fijado yo expresamente.

- **Ofrecer la posibilidad de probar el producto**. Si alguien quiere jugar al póker online nunca ha apostado es lógico que perciba un riesgo real de pagar la novatada. En este caso, por ejemplo, le podríamos ofrecer crear una cuenta a modo de prueba y tener unas buenas instrucciones de cómo se desarrollará el juego.

# LOS CONTENIDOS DE LA WEB

Un buen contenido y de calidad es una garantía de éxito para conseguir tráfico para nuestra web o blog. Así que todos los esfuerzos en este sentido siempre se verán recompensados. Veamos a continuación lo que conviene tener más en cuenta.

## *REFLEXIONES SOBRE EL MISTERIO DE LOS KEYWORDS*

Está claro que si uno pretende vender algo por Internet o quiere posicionarse bien en los resultados de un buscador tiene que pensar dos veces qué pasa con los keywords o palabras clave.

Las palabras clave son las consultas de búsqueda que los visitantes utilizan en los buscadores. Generalmente, pueden ser una sola palabra o un conjunto de varias. Estudiar las palabras clave de nuestra web o blog equivale a realizar un estudio de mercado de cualquier producto en el mundo real.

Si nos interesa saber la frecuencia de búsqueda mensual o popularidad de una determinada palabra o grupo de palabras hay una buena herramienta de Google que nos ofrece esta información, es el: Google Keyword Research Tool.

Cuando uno utiliza esta herramienta seguramente se sorprenderá de los resultados porque suelen ser algo diferentes a lo que la lógica nos sugiere. Y es que en Internet lo que valen son los hechos y no la realidad que cualquiera pueda pensar. Es por ello que los que triunfan en este mundo tan competitivo es porque han sabido adaptarse. Basan su oferta en la demanda y no al revés. Intentar vender algo que sólo se busca cien veces al mes seguramente nos conducirá al más estrepitoso fracaso. Mientras que, si ofrecemos algo que se busca en más de cien mil búsquedas lo más seguro es que el triunfo lo tengamos al alcance de la mano.

La fortuna es que en Internet todo se sabe o se puede saber. Por lo tanto, lo único que nos interesa es disponer de un listado de palabras que sean relevantes para nuestro negocio. Al saber esta información podemos incluir contenidos interesantes que incluyan las diferentes palabras clave en las que nos interese estar bien posicionados. Si en la web no se usan estas palabras clave los buscadores nunca nos van a incluir en sus resultados de búsqueda para esas palabras clave. Un estudio bien hecho de palabras clave nos debe dirigir e inspirar en la creación de contenidos y en las palabras exactas que hay que utilizar en los temas que se desarrollen. Leí hace poco un dicho bien real ..... y es que si tienes contenidos relevantes los buscadores te mandan tráfico relevante. Es fácil pensar que si tienes contenidos que no valen un pimiento vas a recibir un tráfico acorde con lo que se ofrece.

Un estudio de las palabras clave es mucho más rentable que fiarnos de nuestra simple intuición o simplemente dejarlo al simple azar.

# IDEAS PARA CONFECCIONAR EL MEJOR LISTADO DE PALABRAS CLAVE

A todos nos ha pasado que en algún momento nos han pedido que digamos las palabras clave de nuestra web y no tenemos ni idea de qué poner para que realmente sea algo que nos pueda proporcionar más visitas.

Saber nuestras palabras clave también es muy interesante para saber cómo organizar el trabajo de cara a ofrecer la información que se está buscando en nuestra web o blog y poder ofrecerla a los futuros visitantes.

A continuación propongo una serie de ideas con el objeto de poder hacer esta tarea lo mejor posible:

• Primero haz tu propio listado. Para ello piensa en lo siguiente: ¿cuál es el perfil de nuestros clientes?, ¿cómo buscaría mi propia web?, ¿qué uso se hará de lo que voy a ofrecer?, ¿qué palabras clave usan mis competidores? y ¿qué términos podrían ser los únicos en todo el mundo que identificaran nuestra web, blog o negocio?.
• Invita a personas de tu alrededor a que te ofrezcan sus ideas de palabras.
• Mira en tus logfiles donde se puede ver con qué búsquedas has conseguido atraer visitantes.
• Se puede hacer un marketing audit con un grupo de personas con características que te puedan interesar por algún motivo.
• Se puede poner un seachbox con un doble objetivo: por un lado facilitar las búsquedas en tu web y por otro analizar en sus

estadísticas lo que más se busca en tu blog o web. Hay un script interesante que lo ofrece gratuitamente Bravenet.

• Google es un monstruo …. ofrece varias posibilidades muy interesantes. Las sugerencias de Google Adwords. Usa Google Suggest: tecleando cualquier letra en el cajón de búsqueda Google te sugiere palabras clave en función de sus estadísticas históricas. Usa las palabras clave para buscarlas en Google Noticias y Google Blogs. Las alertas de Google te permiten identificar palabras o frases sobre las que te pueda interesar recibir una alerta. En Google Trends se puede poner un conjunto de palabras y se ofrece tanto la evolución histórica de las búsquedas como la de su ubicación geográfica.

• Buscar en publicaciones especializadas.

• Se puede buscar por tags en StumbleUpon o en Digg.

• Consultar las estadísticas de búsquedas realizadas en Youtube, Myspace o en Facebook.

# FILOSOFÍAS Y MISTERIOS SOBRE EL POSICIONAMIENTO EN LOS BUSCADORES

A mi parecer casi es más misterioso el cómo conseguir aparecer en los 10 primeros resultados de un buscador que el por qué nunca nos toca la lotería. Pero en este asunto hay mucho sabio locuaz que sugiere una serie de principios básicos que dan a entender que funcionan por lo general bastante bien. Veamos algunos de ellos:

• **LA RELEVANCIA.**
En este tema los buscadores sudan la gota gorda. Se trata de adivinar con las palabras que se han escrito lo que estas pensando encontrar. Pero la mente humana es compleja. Muchas veces se escribe algo cuando en realidad lo que se quiere buscar no es tanto lo que escribe sino lo que se piensa. Para entendernos: algo tan complejo como si alguien te dice a algo que sí cuando en realidad está pensando que ni borracho. Y para colmo, el buscador debe acertar en lo que te lista para que salgas contento. Resumiendo .... a esto se le conoce como relevancia. La mejor forma que tienen los buscadores de calcularla es utilizando una compleja estadística que calcula porcentajes de clicks en proporción a tu posición en el listado. Es decir, si te clickan más que a los que tienes por encima vas ganando posiciones y si no te clickan tanto pues bajas. Para acabarlo de complicar todo a estos datos se pretende complementarlos con los de participación popular tales como: comentarios, me gusta de Facebook, +1 de Google o Tweets por citar algunos de los ejemplos más conocidos.

Veámoslo con un ejemplo. Supongamos que nuestro interés es vender patatas porque las cultivamos en una explotación de Almería. Lo primero que haremos es escribir *"patatas"* en Google y veremos que no salimos ni por casualidad. El motivo de ello es porque el que escribe patatas en Google lo más seguro es que busque una información general. Que sea un escolar que busca algo para hacer su trabajo que le ha encargado el profesor. Y, para colmo, esté más interesado en encontrar un par de fotos bonitas del apreciado tubérculo más que otra cosa. En cambio, si escribimos *"comprar patatas Almería"* en Google y no salimos entre los 10 primeros nos tenemos que empezar a preocupar más porque lo más seguro es que hayamos perdido una posible buena venta. Es claramente una búsqueda orientada a la venta muy diferente a la anterior que era una búsqueda más general y con pocas probabilidades de venta. No seamos tontos ..... esto lo sabe bien un buscador y es lo que le motiva a plantear los resultados de una manera y no de otra. Hay que nadar a favor ..... nunca a la contra.

• **FASE EN EL PROCESO DE COMPRA.**
Esto es importante. Veamos un ejemplo.
- Búsqueda: cámaras de fotos. Se busca a ver qué hay. Pasar el rato con muy pocas probabilidades de comprar.
- Búsqueda: cámaras digitales. Se busca llegar a elegir qué cámaras se pueden considerar en serio.
- Búsqueda: cámara Ricoh R50. Se busca las características técnicas y las opiniones de los compradores.
- Búsqueda: comprar cámara Ricoh R50. Se busca comprar la cámara pero en la tienda que ofrezca mejor precio y servicio.

• **OBJETIVOS QUE PODEMOS TENER CON NUESTROS CONTENIDOS.**

Yo diría que hay que escoger: ¿queremos tráfico?, ¿queremos popularidad?, ¿queremos ventas? o ¿queremos dar un servicio adicional a nuestros posibles clientes para reforzar nuestra marca?. Según lo que busquemos el planteamiento a seguir es diferente.

• **LA FUERZA DE LA COMPETENCIA.**

Si en los primeros 10 resultados de una búsqueda relevante para nosotros nos encontramos que están las webs más potentes tales como Wikipedia, El País o Telecinco lo tenemos crudo. Es evidente que nos convendrá más enfrentarnos en las búsquedas en las que podamos competir para llegar pronto a estar en el podio de los mejores.

Para medir la calidad de la competencia hay cinco buenos indicadores:

1.- **Google Page Rank** (PR). El Page Rank es como una puntuación que va del 1 al 10 y que Google da a cada web (y cada una de las páginas de una web o blog) en función de una serie de parámetros que calcula. Si queremos una cifra más exacta se puede ver la Mozrank. Web: Mi Page Rank.

2.- **Número de enlaces entrantes.** Es el indicador de los enlaces de calidad que apuntan hacia nuestra web. Web: Site Explorer de Yahoo.

3.- **Número de páginas indexadas.** Es lógico pensar que es más fácil que te encuentren si tienes 10000 páginas indexadas en los buscadores que si tienes sólo 5. La probabilidad de estar bien posicionados en los buscadores de las búsquedas altamente relevantes aumenta cuantas más páginas indexadas se tengan. Para saber cuántas páginas nos han indexado hay que poner en el buscador: site:www.compraventa-dominios.com. Es importante tener en cuenta que el resultado será diferente en cada país. Por ejemplo, normalmente hay resultados diferentes en Google España que Google Catalunya.

4.- **Edad del dominio**. Una web tiene una vida media de 44 a 75 días según Archive. Es por este motivo que los buscadores premian a las webs con mayor antigüedad. Web: Whois.

5.- **Idioma y proximidad**. Otro aspecto a tener en cuenta es que un buscador tiende a ofrecer, ante la duda, los resultados de la web más cercana ya sea en cuanto a localización geográfica (hay que darse de alta en el mapa de Google), como en el idioma que está escrita la web o la ubicación del hosting. Web: Google Maps.


• **LA POSICIÓN QUE OCUPAMOS ACTUALMENTE EN LOS BUSCADORES**.

Para cada palabra clave o frase de búsqueda que nos interesa hay que medir nuestra posición en este momento. Si aparecemos en el puesto 223 entrar en el top 10 nos va a costar bastante trabajo. Por el contrario, si aparecemos en el puesto 11 seguramente nos será mucho más fácil entrar en el top 10 y con bastante menos trabajo. Si no elegimos bien nuestros objetivos puede que nunca lleguemos. O puede que si lleguemos a estar en algún top 10 pero será por simple casualidad.

# RIZANDO EL RIZO DE LOS KEYWORDS

• **Sinónimos y términos relacionados**: Para las palabras que hayamos seleccionado en el primer nivel de importancia será también interesante encontrar sus sinónimos y términos relacionados. Hay una buena herramienta para ello en <u>Lexical Free Net</u> (inglés) y <u>Wordreference</u> (castellano).

• **Frecuencia de búsqueda en singular o plural**. Aunque parezca mentira puede haber una diferencia de más del 500% en una búsqueda de un nombre en singular o plural. Para comprobarlo sólo hay que hacer la búsqueda de una misma palabra en un mismo buscador con sus dos posibilidades. Veremos fácilmente la que es más popular de las dos.

• **Relaciones de una palabra clave con otras**. Aparte de los sinónimos hay una gran variedad de juego con las palabras, por ejemplo, se pueden encontrar palabras que riman, que se asemejan, que suenan parecido o que evocan a otras.

• **Conoce las palabras clave que usan las webs de tu competencia en sus metatags**. Hay una herramienta muy útil para ello en <u>Seo Tools</u>.

• **Diferencia de uso de una palabra en diferentes países del mismo idioma**. De todos es sabido que en España se dice *coche* y en Latinoamérica *carro* para denominar a la misma máquina de cuatro ruedas.

• **Estacionalidad**. Hay que tener en cuenta que algunas palabras o búsquedas están determinadas por una estacionalidad importante.

• **Diferencias en las cifras que nos proporcionan las diferentes herramientas**. Hay que tener en cuenta que muchas herramientas de Internet están preparadas para ser usadas en el idioma inglés hecho que hace que para otros idiomas pueden dar resultados algo distorsionados.

• **Mantenerse informado sobre los cambios de los intereses**. Vivimos en un mundo muy cambiante. Esto hace que tengamos que estar actualizando nuestra oferta para ajustarla a lo que prefieren nuestros clientes.

• **Términos más buscados**. Ver historiales en Google Zeitgeist.

• **Wikipedia**. Ver las estadísticas del top de búsquedas de wikipedia.

• **Top paying keywords**. Ver el top de las palabras mejor pagadas de la red en Top Paying Keywords. Actualmente ofrece dos listados: el de las palabras clave más buscadas y el de las palabras clave más caras en AdWords por click.

• **Definir cuántas palabras clave por búsqueda**. Cada vez el usuario es más maduro y sabe usar un conjunto de palabras clave para definir mejor su búsqueda.

• **Fuente para buscar qué servicios complementarios ofrecer**.

• **Investigar los anchors**. Es el texto que hay en un enlace y que los buscadores lo consideran como un voto muy específico. Esta herramienta permite saber qué texto es utilizado como anchor en los enlaces que dirigen hacia tu web: Webconfs.

• **La importancia de la ortografía**. Hay que tener en cuenta que los buscadores consideran palabras diferentes una escrita de forma correcta que cualquier otra escrita de forma incorrecta llegando, a veces, la forma incorrecta superar en búsquedas a la correcta. Yo diría que es casi imposible encontrar una web o blog sin faltas de ortografía por lo que es importante tener en cuenta las faltas de ortografía más usuales.

• **Tener en cuenta que una misma palabra clave puede tener diferentes significados**. Sería un poco descabellado pagar por la palabra Jaguar para promocionar un coche cuando igual la mayoría de las visitas sean de niños que buscan fotos del precioso felino.

• **Herramienta para medir la dificultad**. Es una útil herramienta que nos indica lo difícil o fácil que nos va a ser posicionarnos con una determinada palabra en lo más alto de los buscadores. Web: <u>Seomoz</u>.

# SI TIENES EN CUENTA LA LARGA COLA PODRÁS HACER UNA OLA

En 2006 Chris Anderson escribió el libro *The long tail* (La larga cola). En él se habla de la importancia del volumen mínimo de clientes que pueden atraer los productos individuales de menor popularidad. Sin embargo, en conjunto estos millones de productos poco importantes generan más negocio que todos los productos más populares juntos.

• **El cambio que ha introducido Internet entre la oferta y la demanda.** En cualquier tienda espacio supone dinero y una inversión económica en stock. Es por este motivo que sólo se muestra lo más popular y el resto se retira. En Internet esto ha cambiado. Hay espacio para todo. Los costes de presentar mil o un millón de productos en una web son casi los mismos. Ocupa en un disco duro una pequeña fracción. Esto hace que el coste de almacenaje en una web supone poco o nada y, por lo tanto, se puede vender de todo sin problemas debido a lo económico que es el espacio de almacenaje. En Internet es importante la relación entre los gastos de envío y el valor del producto. Pero es obvio que esta importancia disminuye bastante para los aficionados si se trata de un producto que no lo pueden encontrar en la tienda normal de cerca de casa. Encontrar lo que se busca, a veces, es tan difícil que pagar unos gastos de envío, una vez se ha localizado el objeto deseado, pasa a ser algo irrelevante.

Dentro de los límites expuestos de gastos de envío y almacenaje hay que jugar con el importantísimo factor a tu favor de ampliar la oferta en la web el máximo posible. Es decir, aprovechar la larga cola de productos que se venderán poco pero que al ser muchos representa un montón. El éxito está en ofrecer cantidad.

• **La competencia en las palabras clave**. En Internet es más difícil conseguir 5000 visitantes con una búsqueda (por nivel de competencia) que recibir 5 visitas de 1000 búsquedas de palabras diferentes. El resultado es el mismo: 5000 visitas. Nos va a suponer más trabajo de arranque, casi seguro, pero a la larga nos va a representar muchos más beneficios trabajar las mil búsquedas que solo una. Veamos algunos ejemplos del por qué:

1.- Es más fácil posicionarse para frases de búsqueda (combinación de varias palabras) por ser muy específicas y tener menos competencia que una sola palabra.
2.- Es más fácil mantenerse en el top 10 de resultados porque no habrá muchos competidores que nos quieran guerra.
3.- Es más fácil llegar a una posición en el top 10 de resultados porque si es con una frase de la larga cola lo más seguro es que la web desbancada ni lo nota.
4.- La mayoría de las empresas no suelen querer invertir ni tiempo ni dinero en incluir miles de términos de la larga cola en su campaña de pago por click en buscadores. Van sólo a por los términos populares. Son fáciles pero a un alto precio.
5.- Las búsquedas de la larga cola suelen ser una combinación de palabras clave por búsqueda. Esto significa que son más específicas. Al describir la persona que busca algo más concreto la ratio de conversión en una venta es mucho mayor.

• **SEO para la larga cola**. Una vez tenemos las combinaciones de palabras clave que nos interesa que nos posicionen lo que hay que hacer es escribir textos utilizando esas combinaciones de frases. Al principio parece algo poco natural. Pero pronto se aprende a escribir textos que parezcan naturales y que nos posicionarán para el tráfico de la larga cola.

• **Medición de los resultados**. Es importante hacer un seguimiento de dos importantes datos:

1.- Ver cuánto tráfico se recibe con los términos de la larga cola con los que se está trabajando.
2.- Ver cuánto tráfico se recibe con términos de búsqueda con los que no se está trabajando y que quizás valga la pena trabajar más aprovechando el tirón.

# CARACTERÍSTICAS BÁSICAS QUE DEBE TENER UNA WEB O BLOG

Hay que facilitar a cada tipo de visitante una navegación por nuestra web que sea intuitiva y rápida usando para ello los elementos de los contenidos y del diseño. Para ello, veamos algunas de las cosas que tendría que tener una web para conseguirlo:

• **Tipos de visitantes**. Hay que intentar que el uso de la web y la clasificación de los temas esté en función de la importancia que le queramos dar a cada usuario. En nuestro menú principal los usuarios más importantes deberán poder localizar, y de forma inmediata, lo que buscan destacando las ventajas que se les puede ofrecer.

• **Intuitiva y rápida**. Organizar bien la información de forma tal que se pueda encontrar lo que se busca sin marear al visitante.

• **Conclusión**. Mostrar rápidamente lo que hay en la web para que se pueda decidir si interesa quedarse o no.

• **Contenidos**. Organizar los contenidos con títulos, subtítulos, párrafos, audio, video o lo que sea. Usar colores, gráficos, fotos, y cualquier elemento de diseño que sea armónico. Ofrecer mil cosas como importantes y urgentes no conduce a nada.

• **Guiar y ayudar al lector**. No todo el mundo que entra en una web está dispuesto a leerse el rollo que se le coloca de buenas a primeras. Lo normal es echar un vistazo rápido para ver si interesa o no. Para ello es interesante mostrar el contenido con negritas, subrayados, subtítulos, división en párrafos, etc. Incluso se recomienda poner al principio un pequeño resumen o *abstract* para que se pueda decidir si se lee todo o no. Al final de cada post tengo puesto un pequeño botón que permite imprimir o hacer un fichero PDF. De esta forma, se puede obtener una copia rápida de lo encontrado para que se pueda seguir buscando.

• **Pensar desde el punto de vista del cliente**. El error más habitual, incluso para las grandes empresas, es pensar desde nuestra perspectiva y no la del cliente. Por ejemplo, he llegado a ver en webs de casas rurales que la casa está en Villaburros de Arriba, bien, pero no se dice en ninguna parte de qué provincia es o, incluso, de que país es. No se tiene en cuenta que un argentino o un alemán no tienen por qué saber donde está esa provocativa población.

• **Tiempo de descarga de la página**. Invito a cualquier empresaria a venir a mi linda localidad de Campo en la provincia de Huesca (España). Luego le propongo que mire y use su propia web con la fabulosa conexión de móvil de cualquier compañía de teléfono que tenemos aquí en el Pirineo. Estoy seguro que a la media hora de esperas estará de los nervios (o nos dedicaremos a otra cosa mientras se descarga la página) …… así que sin más comentarios.

• **Cantidad de texto por página**. Una gran cantidad de texto normalmente interesa a muy pocos (a mi hijo seguro que no le interesa nada). Hay que ofrecer poco texto inicialmente y aumentarlo a medida que el visitante busque con mayor profundidad en nuestra web.

• **Mostrar la ruta o localizador**. Es un pequeño menú que se conoce como *breadcrumbs* y que te indican en que lugar concreto estás de la web y el camino de regreso.

• **Regresar a la página inicial**. Es tan obvio que muchas webs no lo tienen aunque es importante porque muchos buscadores no te entran por la página inicial sino que te colocan, de golpe y porrazo, en una determinada página del medio. Si ves que puede ser interesante, o que lo que buscas podría estar en una página parecida, si no está bien indicado donde está la página de inicio te puedes volver mico buscando o simplemente te largas (lo más normal).

• **Mapa del sitio**. Aparte de sus grandes beneficios para el SEO a los visitantes les puede interesar para ver los contenidos generales del sitio.

• **Título**. Otra obviedad que no se tiene en cuenta: cada página debe tener su título y que sea explicativo de su contenido. Es importante para saber que se encontrará en el texto y más importante todavía para los buscadores.

• **Uso de las URL**. Las URL deben ser, a ser posible, sencillas, cortas y explicativas.

• **Enlaces**. Los enlaces que ofrecemos deben ser reconocidos como tales sin hacer experimentos raros. Lo que la mayoría sabe que es un enlace es cuando se presenta va en color azul y subrayado.

# CARACTERÍSTICAS AVANZADAS QUE DEBE TENER UNA WEB O BLOG

En el capítulo anterior comentaba las características básicas o elementales que debe de tener toda web o blog. En este comentaré algunas más que hay que ir incorporando a medida que nuestra página se profesionaliza.

Veamos algunas de las más importantes:

• **Menús**. Salirse de lo habitual y hacer experimentos es marear al visitante que acaba marchando. Así que los menús deben de estar donde el visitante espera encontrarlos, es decir, en la parte superior (dispuesto de izquierda a derecha) o a la izquierda (dispuesto de arriba abajo).
• **Dar una sensación de seguridad**.
- En el caso de errores del sistema ofrecer automáticamente una alternativa al usuario en lugar de mostrar una página de error tipo.
- La función de *undo*: desacer. La actual generación digital ya ha nacido con esa opción incorporada que les asegura que hagan lo que hagan siempre se puede volver atrás si el experimento o lo realizado no satisface.
- No ejecutar nunca funciones ni programas sin que el usuario lo haya consentido.
• **Simplificar**. No todo el mundo tiene que saber lo mismo ni tiene el mismo grado de interés por un mundillo determinado. Además, todo lo que ahorre tiempo al usuario es bueno.
• **Coherencia en la presentación**. Usar la misma plantilla y esquema web en todo su contenido.

• **Personalizar**. Por ejemplo, está bien si le hemos pedido al usuario que elija un idioma en su primera visita que en las posteriores nuestro sistema lo reconozca y ya se lo ofrezca por defecto pero con la opción de poderlo cambiar de nuevo si lo desea.

• **Facilitar las búsquedas dentro de nuestra propia web**. O sea, poner un *searchbox* interno.

• **Recomendaciones**. Aceptar comentarios tanto a favor como en contra.

• **Necesidades y objetivos**. Ya que cada tipo de usuario tiene sus motivos para visitar nuestra web no es posible ofrecer en nuestra página principal toda la información que pueda necesitar. Motivo por el que será necesario organizar los contenidos de tal forma que se pueda acceder a ellos rápidamente desde cualquier punto en el que se encuentren.

• **Fase del proceso de compra**. Ofrecer lo adecuado según se esté en una fase u otra del proceso de compra.

• **Haz pruebas de cómo funciona tu web**.

• **Mide lo que ocurre en tu web**.

• **Analiza tu** *bounce rate*. Es decir, la tasa de abandono que tienes. Se trata de medir, básicamente, la tasa de abandono, el número de páginas vistas y el tiempo de permanencia en nuestra web. Para la página principal un bounce rate menor del 30% sobre el total de las visitas ya se considera muy bueno. Para una campaña de pago por click tener un bounce rate del 30-40% se considera muy bueno aunque lo normal es que sea alrededor del 50%. En cuanto al tiempo de permanencia depende mucho si tenemos videos o no en la web. Permanencias promedio de más de cinco minutos (sin videos) se considera que la web es ya muy buena. También se puede considerar una web muy buena si el promedio de visitantes visita más de tres páginas en cada sesión.

• **Elementos de diseño**.

- Tamaño de la letra adecuado, es decir, algo tan básico como para que se pueda leer sin necesidad de una lupa.

- Fondo adecuado. Que el fondo sea lo bonito que uno quiera pero que permita leer todo el texto sin necesidad de hacer malabares.

- No abusar con los títulos grandes y elementos resaltados con negritas o mayúsculas (en Internet el uso de estos elementos se interpreta como gritar).

- Uso racional de los espacios en blanco.

- Contraste de colores. Una mínima noción de colores nos dice bien si combinan bien o son como una real bofetada a los ojos.

# FASES A TENER EN CUENTA PARA ESCRIBIR UN CONTENIDO DE ÉXITO

He dado con las fases básicas de cómo debe elaborar un discurso un orador. Siguiendo el mismo esquema he tratado de trasladarlo a la redacción de un contenido de éxito para una web o blog. Así que para escribir un texto hay que tener en cuenta básicamente las siguientes cosas:

• *Inventio*: Es cuando el orador o redactor extrae las posibilidades de desarrollo de las ideas verdaderas, o verosímiles, que le permitirán probar su causa o exposición. Es hacer una reflexión personal para intentar desglosar qué es lo que se quiere explicar y a quién. También se conoce como inspiración.

• *Ordo* o *dispositio*: Es la distribución adecuada, en el lugar oportuno dentro del discurso, de las ideas y pensamientos encontrados gracias a la *inventio*. Ordenar las ideas generadas de la forma más adecuada para que el lector las entienda. Sería lo que es hacer el esquema o un guión.

• *Elocutio*: Se traslada al lenguaje las ideas previamente extraídas y ordenadas. Se suministra el ropaje lingüístico: selección de los términos apropiados, orden de la frase, ritmo, empleo de figuras retóricas, etc. Es bueno, para ello, usar los recursos lingüísticos tales como vocabulario, diferentes sinónimos, metáforas, contenido ajustado al nivel cultural de quién nos vaya a leer, etc. para hacer atractivo el contenido escrito.

• **Memoria**: Es el ejercicio por medio del cual se llega a dominar el conjunto del discurso y la distribución de cada una de sus partes. Un discurso leído era algo insólito hace poco tiempo. La memoria se cuenta entre las cualidades que el orador debe de tener por naturaleza. La aplicación de esta característica a la redacción de webs o blogs pasaría por escribir un primer borrador, dejarlo reposar un tiempo y luego retomarlo para hacer las correcciones pertinentes y, de esta forma, ir puliendo el texto hasta llegar al definitivo.

• *Pronuntatio, declamatio* o *actio*: Afecta a la exposición oral del discurso. El orador debe desarrollar diferentes técnicas para modular la voz, controlar los ademanes y desplazamientos que deben acomodarse al asunto y público al que se vaya a hablar.

# PARTES DE UN TEXTO PARA QUE SEA DE UN CONTENIDO DE ÉXITO

En la elaboración del texto de un discurso las ideas a exponer (inventio) deben quedar distribuidas (dispositio) en cuatro partes que se conocen con el nombre de *orationis partes* de acuerdo con el orden natural que si se altera queda luego todo muy artificial:

• *Exordium*: Es el comienzo del discurso. La idea es ganarse la simpatía del auditorio hacia lo que se va a exponer. Captar la atención del lector con un buen titular o párrafo inicial.
• *Narratio*: En esta fase se hace partícipe al auditorio del estado de la cuestión exponiendo de forma clara, concisa y verosímil los hechos sobre los que trata el asunto. Muchos pierden el norte en cuanto a la verosimilitud que es algo fundamental. Para que una narración sea verosímil hay que dar una correcta y fundamentada respuesta al: quién, qué, por qué, dónde, cuándo, cómo y con qué medios. Como es lógico el arte del buen narrador es resaltar los aspectos que le favorecen y atenuar los que le perjudiquen. Esto es desarrollar bien y analizar las ideas a exponer.
• *Argumentatio*: Es una confirmación complementaria de la *narratio* que hace hincapié a lo que favorece al orador. Los buenos tratadistas desdoblan esta fase en dos: ensalzando las pruebas que les favorecen y refutando las que no les son favorables. En este caso lo mejor es dar algunos buenos ejemplos y aportar pruebas sobre lo que se está opinando o defendiendo.

• *Epilogus* o *peroratio*: La parte final del discurso suele tener dos objetivos: refrescar la memoria haciendo una recapitulación y procurar influir en los sentimientos del auditorio. Sería un resumen final y conclusión.

No hay que olvidar que en el mundo de Internet todo es muy rápido y se suele echar un primer vistazo. Lo primero que se mira es el título, lo destacado en negrita y las mayúsculas. Sólo si se consigue captar la atención en esos primeros instantes conseguiremos la opción de ser leídos y captar la atención de nuestro visitante.

# IDEAS PARA UN CONTENIDO DE ÉXITO EN UNA WEB

• **Elementos visibles**: No es suficiente tener solo texto en las webs y blogs. Hay que usar de forma complementaria las ilustraciones, fotos, gráficos, audio y vídeo. Tiene que haber siempre algo que entre por los ojos.

• **Presentaciones didácticas**: Primero: anunciar lo que vas a decir. Segundo: decirlo. Tercero: resumir lo que has dicho. Hay que tener muy en cuenta que lo que son los títulos y los subtítulos recibirán la primera impresión del escaneo visual inicial de la página. Normalmente, en cada texto o párrafo la primera y última frase son las que más centran la atención en primer lugar.

• **Diferentes posibilidades de escribir un post**: contar una historia, listado, una guía para algo, checklist, entrevista, cuestionario, discusión abierta, citar fuentes de autoridad, citar resultados de investigaciones, preguntas de visitantes respondidas, revisión de un producto o servicio, competiciones y concursos, la empresa en los medios de divulgación tradicional (TV, radio, revistas, periódicos, ....).

• **Organización de la web**:
- Pensar en la estructura con la vista puesta en el largo plazo de cara a su previsible evolución.
- Comprobar si la actual estructura es eficaz con los clientes y proveedores.

- En el equipo de redacción debe de haber alguien con la última responsabilidad.

- Ver si conviene seguir un determinado estilo corporativo.

- Tener en cuenta que es muy diferente escribir contenidos de cara a los buscadores o de cara a los clientes.

- Es importante presentar el resumen o conclusiones al principio de los artículos.

- Hacer una revisión general por parte de la empresa para ajustar el contenido.

# ¿QUÉ ES LA CONVERSIÓN?

*"Si no sabes hacia dónde quieres ir, cualquier ruta te llevará allí".*
**Lewis CARROLL**

Cuando se habla de conversión en el mundo de Internet nadie trata de conseguir atraer a su religión a nadie para bautizarlo. Conversión es el porcentaje de nuestros visitantes que hacen lo que nosotros estamos buscando que hagan en nuestra web. Y es que tener mucho tráfico sin conversión sirve para bastante poco.

• **Sobre el lector o visitante**: Hay que cambiar la manera de pensar. En lugar de colocar nuestro rollo hay que fijarse en nuestro público objetivo. Del que nos visita nos interesará saber: sus intereses, el nivel de información que ya tiene disponible y el nivel de información que requiere y anda buscando.

• **Objetivos genéricos**: Hay que pensar a quien puede o van a ir encaminadas nuestras comunicaciones: posibles compradores, interacción entre los visitantes para crear un foro de debate o una comunidad, interacción entre la empresa y los visitantes, construir relaciones y contactos profesionales, estar al día de las investigaciones, etc.

• **Diferentes grupos a los que nos podemos dirigir**: Interacción de la empresa con la sociedad, accionistas, proveedores, grupos de presión o lobbies, nuevos empleados, medios de comunicación, etc.

• **Algunos tipos de contenidos**: comunicar diferentes aspectos de la empresa, noticias, ofertas especiales, contenidos SEO para conseguir tráfico, contenidos encaminados a conseguir *linkbait*, contenidos virales, etc.

• **Objetivos según el producto o servicio que queremos promocionar**: Lo más fácil es pensar en las ventas. Los objetivos que queramos para nuestra web serán muy diferentes en función de:

- Una empresa o web recién creada lo primero que necesita es darse a conocer por lo que el primer objetivo es aumentar la cantidad de visitas.
- Una empresa muy conocida que quiere lanzar un producto nuevo lo que le interesará como objetivo es llegar a las personas adecuadas que puedan promover la noticia y conseguir que sus clientes se interesen por el nuevo producto.
- Una web que quiere lanzar un foro necesita conseguir como objetivo tener una masa crítica de gente que participe porque sino nadie se va a quedar.
- Una empresa que abre su página de fans en cualquier medio social quedaría fatal si al cabo de medio año sólo consigue tres admiradores y un perro.
- Una empresa B2B que estrena una posibilidad para su red de distribución que puedan manejarlo todo desde un área protegida con un usuario y una contraseña el factor crítico es que las personas del grupo entren en la zona.

- Una empresa que va a realizar una operación económica importante necesita que llegue un mínimo de periodistas e interesados en la página donde se da la información detallada.

- Una empresa o persona particular que haya sido objeto de un escándalo y que quiere demostrar su forma responsable del manejo de las consecuencias requerirá una repercusión en los medios suficiente como para equilibrar el daño del rumor o escándalo.

# GRUPOS DE OBJETIVOS DIFERENTES PARA CONSEGUIR CONVERSIÓN

• **Objetivos para las diferentes fases en un proceso de venta**: Deberíamos medir la conversión de cada acción en el proceso de venta y calcular el valor que representa, estudiando nuestras estadísticas, basándonos en el margen comercial de la venta.

- ¿Cuántas personas visitan nuestra web?
- De ellas, ¿cuántas llegan a una página de un producto?
- De ellas, ¿cuántas se descargan la información ampliada existente en un PDF?
- De ellas, ¿cuántas personas completan un proceso para tener un presupuesto?
- De ellas, ¿cuántas personas rellenan un formulario para pedir más información referente a la venta? …. y ¿cuánto tiempo se ha tardado en responder?
- De ellas, ¿cuántas personas ponen algo en su carrito de compra?
- De ellas, ¿cuántas personas hacen click al botón de pasar por caja?
- De ellas, ¿cuántas personas finalizan exitosamente una compra?
- Y para acabar, ¿cuántas personas hacen un comentario positivo sobre el producto o servicio que han comprado?, y quizás lo más importante, ¿cuántas personas se toman la molestia de ir a un foro y ponernos verdes por lo mal que se les ha atendido?

En cada nivel citado hay menos gente que en el anterior. Hay que dar con la masa crítica inicial de visitantes para llegar a dar con una venta. Los promedios que he estudiado me dan una cifra de 1000 a 5000 visitas iniciales por cada venta según sea el producto.

• **Objetivos para comunicar algo**: Tener en una base de datos una información actualizada de los potenciales compradores de nuestros productos y poder comunicarse con ellos directamente es de vital importancia para un negocio. En relación a conseguir este importante activo tendríamos que estudiar los siguientes objetivos:

- ¿Cuántos suscriptores tenemos a nuestra *newsletter* o a nuestra RSS?
- ¿Cuántos usuarios nos han pedido más información o están en una de nuestras fan pages?
- ¿Cuántos usuarios nos recomiendan a sus amigos reenviando la información que les hemos enviado? (marketing viral).
- ¿Cuántos usuarios nos dan su nombre, teléfono de contacto o perfil en redes sociales?
- ¿Cuántos votos favorables recibimos de nuestros artículos en facebook, twitter, google+, etc?

• **Objetivos como marca o micromarca**: Es decir, que se nos reconozca como autoridad en lo nuestro.

- ¿Cuántos enlaces tenemos en webs como wikipedia, Dmoz o de universidades, etc hacia la nuestra?
- ¿Cuántos usuarios nos añaden en sus favoritos o *bookmarks*?

- ¿Cuántos usuarios teclean directamente el nombre de nuestra web en su navegador (*type-in*)?

- ¿Si escribimos el nombre de nuestra web o producto en un buscador salimos los primeros?

- ¿Cuántos usuarios escriben sobre nuestros productos, servicios o empresa de forma favorable en webs y foros que no sean la nuestra?

- ¿Cuántos enlaces de categoría tenemos a nuestro favor?

- ¿Cuál es el número de páginas vistas por cada visitante?

- ¿Cuánto tiempo permanece nuestro visitante en nuestra web?

- ¿Cuál es el número de visitantes que regresa a nuestra web?

- ¿Cuál es el porcentaje de visitantes que visita nuestra página "sobre nosotros"?

- ¿Cuántos se hacen miembros de nuestra web?

- ¿Cuál es el porcentaje objetivo de un determinado grupo que conoce nuestra marca?

- ¿Cuál es el porcentaje objetivo de un determinado grupo que nos tendría en cuenta a la hora de pedirnos un presupuesto? (en inglés se conoce como *short list*).

- ¿Cuántas personas nos recomiendan a un amigo?

• **Objetivos de interacción con nosotros mediante nuestra web**: Este capítulo es fácil de medir. A partir de las formas de contacto que proporcionamos se trata de saber cuántos se comunican con nosotros por email, por teléfono, por chat o por las redes sociales.

• **Objetivos de interacción con los demás usuarios de nuestra web**: Sería el caso contrario del citado anteriormente. Se trataría de saber cuántos usuarios activos tenemos en el foro, que hacen comentarios o que, incluso, nos aportan información complementaria o advierten de posibles errores.

• **Realizar diferentes pruebas y medir las diferencias de conversión**: Parece una real tontería pero de tener un título y subtítulo a otro puede cambiarnos el tráfico de forma muy radical. También afecta mucho el tráfico el poner una determinada foto u otra o la paleta de colores que usemos y el tamaño de la letra.

# ¿CÓMO CONSEGUIR CONVERSIÓN?

Veámoslo con algunos conceptos básicos:

• **Aristóteles distinguía tres fases**: *ethos* son las características de la persona o empresa comunicando, *pathos* es conseguir que la audiencia sea receptiva al mensaje y *logos* dar la prueba con palabras de lo que uno quiere argumentar.

• **¿Esto en qué me beneficia?**: Lo importante para que la gente nos escuche es que no tenemos que describir tanto las características del producto en plan rollo patatero como hablar en términos de las ventajas que ofrece un producto para un cliente.

• **Describir los valores que se ofrecen a los clientes y que realmente te distinguen de tus competidores**: En cada negocio hay un montón de empresas y blogs que ofrecen lo mismo. Tenemos que buscar, claramente, en qué nos queremos diferenciar y comunicarlo claramente a nuestros clientes en un lenguaje que les sea fácil de entender. Por ejemplo: nos podemos distinguir por precio, por tiempo de entrega, por calidad, por servicio postventa, por seguridad, por ambiente, por cantidad de puntos de venta, por amplitud de muestrario, por exclusividad, por diseño y por mil cosas más que se nos pueda ocurrir.

• **Fases de una compra** (atención, interés, deseo, acción y satisfacción del cliente = fidelización):

**ATENCIÓN**: Hay que entender bien que una cosa es atraer visitantes y otra muy distinta es atraer la atención de forma adecuada para que el visitante no se vaya.

- Describir el producto de forma destacada, por ejemplo con una letra en negrita.
- Usar una imagen creativa o un pantallazo.
- Usar algo reconocible, por ejemplo un logo conocido de una empresa que ha evaluado el producto.

**INTERÉS:** Lo mejor es intentar ponerse en la piel del posible comprador.
- Hacer una descripción detallada del producto.
- Explicar los posibles beneficios para el comprador.
- Citar las características exclusivas.

**DESEO:** Aquí nos toca seducir.
- Testimonio de clientes satisfechos.
- Eslogans o resúmenes de comentarios de la empresa o de los productos.
- Vídeos o material multimedia.

Los medios para seducir en Internet serían los siguientes: *seducir dando buena información* y que sea la justa en el momento justo, *seducir con ayuda* para que no quede el comprador a su suerte en el momento crítico de la compra, *seducir con las palabras que está demostrado que más venden* (tú, usted, garantía, fácil, gratis, sí, rápido, beneficio, amor, resultados, seguro, demostrado, divertido, nuevo, ahorrar, ahora, cómo hacerlo, solución y más), *seducir con lenguaje de acción* que es ir al grano, *seducir con simplificación y reducción*, o sea, todo lo que se pueda quitar sin que se pierda el sentido de lo que se dice mejor que mejor y *seducir con número de palabras* por frase ya que hay una relación muy estrecha entre el nivel de estudios del lector y la longitud de las frases que entiende, por ejemplo, número máximo de palabras por frase: instituto 10, bachillerato 22 y universitario 26.

**ACCIÓN:**
- Comprar enlaces o enlazar a otras páginas.
- Hacer una buena política de ofertas con cupones, códigos, descuentos, etc.

Ejemplos aclaradores de acciones que pueden ser compras:

1.- Acción de ponernos en favoritos, en la cesta o guardar. Significa que ya no es un mero espectador porque ya ha realizado una acción encaminada como mínimo a volver a nuestra web.

2.- Llamadas a la acción. Sería todo un conjunto de pasitos que representarían como una especie de minicompromisos o mostrar más interés en la compra, por ejemplo, clickar un botón para obtener más información.

3.- Centrar al cliente cuando está cerca de la meta. Es el momento de no distraer más.

4.- Importante es ofrecer todo tipo de garantías.

5.- *Sampling*: ofrecer la posibilidad de poder probarlo sin tener que pagar.

6.- Crear una sensación de urgencia.

7.- Uso de formularios. Intentar no pedir más información de la estrictamente necesaria.

# A LA LARGA LO MÁS RENTABLE ES FIDELIZAR

Fidelizar sería conseguir, de diferentes modos, que nuestros visitantes sean fieles a la web o blog.

*"Las ganancias suben, mientras que la duración de la relación del cliente con la empresa se prolonga. Reteniendo un 5% adicional de sus clientes, las ganancias se pueden doblar."*
**F.P. REICHHELD**

Los motivos principales por los que **vale la pena prestar la atención a nuestros visitantes** serían:

• Cuesta menos mantener un visitante que adquirir un visitante nuevo para generar nuevas ventas.
• Son los mejores embajadores que podamos tener.
• Pueden ayudar a detectar problemas de forma rápida para que puedan ser remediados cuanto antes.
• Representan una barrera de entrada para nuevos competidores en el tema y una ventaja competitiva.

La idea básica debe ser que hay que tener a nuestros visitantes contentos con la relación calidad-precio ofrecida y, a ser posible, ganando dinero en el camino. Y hay que tener en cuenta que no es lo mismo retener que fidelizar. Retener huele a prevenir que se vayan mientras que fidelizar implica asegurarse de que no tendrán motivos para irse y sí para quedarse. Para ello lo bueno es centrarse en tres **tipos de clientes**:

• Los **heavy users**: Son los clientes que generan mayores ventas o los visitantes que más asíduamente nos visitan. Son los que nos dan el máximo margen comercial o los que más aportaciones y contribuciones hacen.

• Los **más críticos**: Serían los típicos pesados. Hay que saber girar el concepto sobre ellos porque, en realidad, nos están haciendo un favor. Ponen el listón muy alto para quedar plenamente satisfechos. Si queda contento ten por seguro que los demás estarán contentos.

• Los que tienen **mayor potencial**: Si somos capaces de detectar a los que tienen mayor potencial y darles toda la atención que puedan necesitar nuestros negocios podrán crecer conjuntamente.

**Resumiendo**: Internet es un entorno sumamente competitivo. Para conseguir la lealtad de tus clientes, tendrás que ponerte en su piel, hablar con ellos, anticiparte a sus posibles necesidades ofreciendo un servicio perfecto, asumiendo toda responsabilidad por las posibles desviaciones de tus promesas, poniéndolo fácil para comprar en tu web y ofreciendo una mejor colección de ofertas que las que hay disponibles en tiendas tradicionales. En el negocio tradicional todo esto siempre ha sido muy importante. En Internet es una condición para poder sobrevivir. Hay que centrarse en las necesidades que tus productos cubren para tus clientes más que en los productos en sí. Hay que centrarse en las posibles necesidades que puedan tener los clientes y que todavía no se están cubriendo y estudiar si se pueden crear soluciones dentro de las posibilidades.

# ¿CÓMO INSPIRARNOS PARA HACER CONTENIDOS?

Para encontrar inspiración y contenidos para nuestro blog Internet está lleno de recursos que nos pueden dar buenas ideas:

• La primera fuente de inspiración deben ser nuestras propias estadísticas y, en especial, las listas de términos con los que más nos encuentran.
• Buscar en las noticias de nuestro sector y temática en asociaciones y publicaciones especializadas.
• En el top 500 de Alexa internacional (Global Sites) o en el nacional (España).
• El Hot URL de Alexa es un termómetro de lo que interesa en el momento.
• Lo que más votos consigue en las redes sociales: Technorati, Blogrankings y Alianzo.
• El blogsearch de Google.
• Suscribirse en el Google Alerts para algún tema en concreto.

# PRINCIPALES OBJETIVOS DE UN BOLETÍN DE NOTICIAS O NEWSLETTER

Una vez se tiene una buena web con toda la información estructurada de los productos que comercializamos y un blog en el que se da la información del día a día lo único que nos faltará es que nos visiten. Un problema que merece más de una reflexión. Una buena vía inicial es tener a nuestros suscriptores y fans al corriente de las novedades mediante una newsletter.

Veamos los principales objetivos que nos deberíamos de marcar al respecto:

• Atraer tráfico a la web o al blog. La idea generalmente aceptada es que no hay que poner artículos enteros en una newsletter sino mas bien un resumen para que el que quiera leerlo todo completo no tenga más remedio que ir a la fuente.
• Formular invitaciones para participar en discusiones o foros que estén en la web.
• Mencionar los artículos que han sido más leídos o votados.
• Anunciar que se introducen nuevas secciones o nuevas funcionalidades.
• Informar sobre nuevas condiciones de compra, de pago, de uso, de atención al cliente o de privacidad.
• Procurar fidelizar para mantener el interés sobre nuestros productos o servicios a clientes existentes.

• Hacer una política de marketing del nombre para que cada vez haya más gente que conozca y se acuerde de la empresa: *name awareness*.

• Política de imagen corporativa de cara a influir en la posición que ocupa la marca en la mente de los clientes comunicando de diferentes formas los valores de la empresa, la propuesta de valor y los puntos únicos de venta: *branding*.

• Si alguien nos ha comprado algo es un buen cliente potencial para comprar más en la misma línea: *up-selling*.

• Sería vender algo más después de la primera venta: *cross-selling*. Un ejemplo claro sería la típica pregunta que nos hacen en una tienda de si queremos algo más.

• Informar de los premios que nos han concedido o las noticias que se han escrito sobre nosotros en los medios de comunicación.

• Dar información relevante de la empresa y sobre la empresa.

• Informar de todo lo que es o puede ser noticia sobre la empresa.

• Dar ejemplos de los beneficios que reportan nuestros productos o servicios.

• Buscar conseguir un marketing viral gracias a que los receptores reenvíen nuestros mensajes a sus contactos.

# CONSEJOS PARA MEJORAR NUESTRAS NEWSLETTERS

• Mencionar el nombre del receptor en la newsletter que recibe.

• Dejar que el suscriptor pueda influir en lo que recibe o no. Una buena forma es crear una serie de categorías que puedan ser seleccionadas o no por el receptor.

• Disponer una sección que se adapte al receptor en función de lo que conocemos que le gusta. Se puede hacer a partir de los productos que haya comprado en el pasado.

• Personalizar la comunicación con el nombre y foto del que manda el newsletter.

• Invitar a que pueda comentar lo que se recibe.

• Hacer un diseño de tal forma que el receptor encuentre siempre lo que pueda interesarle en el mismo sitio sin complicarle la vida con búsquedas.

• Es mejor una frecuencia mas bien baja para no crear expectativas que luego no se puedan cumplir. Procurar ser constante con el día del envío.

• Calcular la inversión total que representa la confección de una newletter por lo que se refiere a creación de contenidos, diseño, software, control de estadísticas, etc.

• Considerar los objetivos que se pretenden alcanzar, si valen la pena con respecto a la inversión y si se pueden conseguir los objetivos de otra forma.

• Tener un sistema de medición para comprobar los objetivos y las estadísticas de los resultados.

• Usar fotos que refuercen los mensajes escritos.

• La newsletter debe ser algo realmente interesante y útil para cualquier usuario. No debe destacar lo que vendamos sin que haya algo más. Las guías del tipo ¿cómo conseguir ...? o diez consejos para .... suelen ser muy aceptadas.

• Dejar los espacios publicitarios bien diferenciados del resto.

• Asegurarse que se podrá ver con cualquier software de recepción de emails.

• Ser un poco variado con la forma de presentar los contenidos informativos incluyendo gráficos, presentaciones, entrevistas, etc.

• Invitar a expertos externos a que colaboren con la redacción del newsletter.

• Escribir dando consejos, usando el humor y no extenderse demasiado.

• Citar las fuentes de información que hemos usado de terceras personas.

• Hacer algún tipo de encuesta a los receptores para saber qué temas interesan más.

• Dar la posibilidad al usuario que cancele su suscripción de una forma simple sin estratagemas raras.

# ¿POR QUÉ ES IMPRESCINDIBLE USAR EL VÍDEO EN LA WEB, BLOG O PERFIL?

• El vídeo se está abriendo paso de forma muy acelerada como algo importante y muy a tener en cuenta en todo lo que es comunicación por Internet. Ya da lo mismo que sea web, blog o un perfil en una red social. El vídeo marca una gran diferencia competitiva. Debemos plantearnos incluirlo de la forma que sea.

• **¿Qué es lo que recordamos?.** Según los estudios realizados por Edgar Dale recordamos lo siguiente: un 10% de lo que leemos, un 20% de lo que escuchamos, un 30% de lo que vemos, un 50% de lo que vemos y escuchamos, un 70% de lo que decimos y un 90% de lo que decimos y hacemos.

• **Tendencias del vídeo como medio de comunicación**.
- Los gastos de producción de vídeo aficionado está bajando de una forma importante.
- Grabar escenas con el móvil ya se puede hacer de forma casi espontánea.
- La trasferencia de vídeos del móvil a Internet ya no tiene ningún misterio para casi nadie.
- La gente quiere expresarse y compartir actividades y vivencias.
- Internet facilita que cualquier afición por rara que sea puede tener su grupo de fieles y fans.
- En 2007 se subían a Youtube 6 horas de vídeo cada minuto y en 2009 ya se subían a Youtube 20 horas de vídeo cada

minuto. Últimamente, Youtube empieza a ganar en algunas ocasiones a Google en cantidad de búsquedas mensuales.

• **¿Qué significa todo esto para el mundo de la empresa y sus webs corporativas?**. Pues que los usuarios ya dan por hecho que existe un vídeo para casi todo. Hoy las empresas no sólo deberían anunciarse en vídeos y programas de terceros sino que tendrían que producir sus propios vídeos. Aunque parezca increíble es precisamente en el mundo porno donde hay la avanzadilla tecnológica. No es una novedad porque hay que reconocer que han sido siempre pioneros desde los inicios. Ha sido la primera industria en descubrir el poder del vídeo en Internet. Un ejemplo de ello es ver como las chicas webcam autogestionadas han quitado rápidamente a los intermediarios y se han puesto a producir horas y más horas de vídeo.

• **Posibilidades del vídeo en la web**.
- Presentarte a tí o a la empresa o al equipo que forma la empresa.
- Introducir nuevos productos.
- Vender por vídeo en formato de información.
- Información para ser consumida como entretenimiento.
- El explicar cómo hacer algo se está revelando como muy popular en Internet.
- Advertencias de peligros, riesgos y posibles pérdidas son otros ejemplos típicos de lo que abunda en la red.

• **Consejos prácticos**.
- En cuanto a la duración se estima que lo mejor es que dure entre 3 y 5 minutos como máximo.

- Lo mejor es que la historia se apoye en alguna emoción: reír, llorar, deseo, odio, pasión, etc.
- Usar un formato universalmente compatible.
- Poner el logo fijo en el vídeo para marcarlo como propiedad de la misma forma que hacen en las televisiones que siempre es visible y queda fijo.
- Mostrar la URL al principio y al final del vídeo.
- Usa plataformas como TubeMogul para distribuir los vídeos de forma fácil y centralizada a las diferentes plataformas.
- Usar el vídeo es la mejor forma para generar simpatía y proximidad.

• **SEO para el vídeo**. Los buscadores a día de hoy todavía no pueden leer el vídeo. Tiempo al tiempo. Mientras es bueno usar los instrumentos típicos SEO tales como títulos, descripción, categorías, etiquetas, etc.
Aparte de lo comentado, es bueno tener en cuenta una serie de cosas básicas:
- Usar una única URL para cada vídeo. El tema de la página debe de estar al cien por cien relacionado con el contenido del vídeo.
- Poner enlaces desde la página hacia otras páginas de texto de la web para que los buscadores las puedan relacionar y clasificar mejor el vídeo.
- Asegurarse de que las palabras clave de los enlaces que se pongan hacia la página del vídeo sean claras de lo que se va a ver.
- Usar los botones de marketing viral para que se propague a través de las redes sociales.

- Hay que pensar que necesitamos tener unos vídeos suficientemente interesantes como para que la gente nos los quiera enlazar.

• **Usa el vídeo en tu web**. Si no se dispone de suficiente presupuesto hay que hacerlos de forma doméstica uno mismo.

## OTROS LIBROS DEL AUTOR

• **Título**: *"Beneficios rápidos de las redes sociales"*.

• **Resumen**: En este libro se desgranan los principales conceptos y conocimientos para movernos con éxito en las redes sociales. Se hace una descripción detallada de las diferentes redes sociales con más éxito del momento. Y, para acabar, se hacen unas pinceladas con ejemplos interesantes y novedosos que explican la conexión de un determinado perfil en una red social con el comercio electrónico.

• **Más información**: http://www.compraventa-dominios.com/?p=797

www.ingramcontent.com/pod-product-compliance
Lightning Source LLC
Chambersburg PA
CBHW051347170526
45166CB00002B/993